Sophie Martensen

erfolgreiche Rituale

Umfeld und Durchführung

Sophie Martensen

erfolgreiche Rituale
Umfeld und Durchführung

Bibliografische Information der Deutschen Nationalbibliothek: Die Deutsche Nationalbibliothek verzeichnet diese Publikation in der Deutschen Nationalbibliografie; detaillierte bibliografische Daten sind im Internet über www.dnb.de abrufbar.

ISBN 978-3-7386-5436-3

© Sophie Martensen 2015

Herstellung und Verlag:
BoD – Books on Demand, Norderstedt

Covergestaltung:
BOD Easy Cover

Einleitung

Heute ist Samhain 2015, der Beginn eines neuen Jahres nach dem keltischen Kalender.

An Samhain stehen die Tore zwischen den Welten offen, man kann leicht Kontakt zu den Verstorbenen und den Ahnen aufnehmen.

Samhain ist für mich immer ein wichtiger Tag, an diesem Tag führe ich schon seit Jahren Rituale durch. Inzwischen bin ich über 50. Bei meinem heutigen Ritual erhielt ich den Hinweis, dass ich mein Wissen aufschreiben und an Interessierte weitergeben solle.

Ich will kein großes Buch schreiben, sondern einfach einzelne Themen aufgreifen und sie in kleinen Booklets oder E-Books beschreiben. Vielleicht mache ich aus den vielen Einzelteilen dann irgendwann einmal ein dickes Buch.

Beginnen möchte ich in diesem Büchlein damit, wie man ein Ritual erfolgreich durchführt. Viele Menschen sind frustriert, weil sie viel Energie in ihre Rituale stecken und keinen Erfolg mit ihren Wünschen haben. Es gibt einige einfache Regeln, die man beachten sollte. Dann klappt es auch.

Nimm Dir ausreichend Zeit

Ein Ritual kann man nicht so zwischen Tür und Angel machen.

Sicher – es gibt Notfälle, in denen man ohne Form oder lange Vorbereitung um etwas bittet. In so einer Notlage kann man von einigen Regeln abweichen. Ich würde diese Aktion aber nicht als Ritual, sondern als schnelle Bitte um Hilfe bezeichnen.

Ein richtiges Ritual benötigt Zeit für die Vorbereitung und für die Durchführung. Nach dem Ritual sollte man auch einige Zeit für sich haben, um das Geschehene auf sich wirken zu lassen, und nicht gleich zum Tagesgeschäft übergeben. Ein Ritual setzt besondere Energien und Gefühle frei. Man braucht einige Zeit, um sie zu verarbeiten.

Ich plane für ein Ritual immer mindestens eine Stunde ein, bei besonderen Daten oder Ritualen auch mehr.

Heute war ich mit Vorbereitung und Nachfühlen insgesamt drei Stunden lang mit meinem Ritual beschäftigt.

Sei reinlich

Bei einem Ritual bittest Du um Unterstützung von Engeln, Ahnen, Feen, Schutzgeistern oder mit wem auch immer Du in Verbindung stehst. Zeige ihnen Deine Wertschätzung, wenn Du um etwas bittest.

Würdest Du einen Menschen, der völlig verloddert vor Dir steht, bei seiner Bitte unterstützen, wenn Du genau weißt, dass er über Möglichkeiten verfügt, sich angemessen und sauber zu kleiden? Ich würde das Auftreten als Missachtung deuten und keinen Finger für diesen Menschen krumm machen.

Reinlichkeit heißt nicht, dass Du direkt vor dem Ritual noch duschen oder baden musst. Du solltest aber sauber sein. Damit meine ich: die Haare sollen nicht fettig am Kopf kleben, Du solltest nicht nach Schweiß riechen oder Schmutz an den Händen oder im Gesicht haben. Auch Deine Kleidung sollte sauber sein. Schaue Dich im Spiegel an. Im Zweifel ziehe Dich um, wasche Dich oder dusche sogar.

Auch der Platz, an dem Du dein Ritual durchführst, sollte sauber sein. Das bedeutet nicht, dass Du Deine ganze Wohnung putzen oder aufräumen musst, bevor Du mit dem Ritual beginnst. Manchmal ist man so eingespannt, dass man einfach keine Zeit und Kraft für den Haushalt hat. Das kann man verzeihen.

Aber der Ort, an dem das Ritual durchgeführt wird, sollte sauber und aufgeräumt sowie frei von Dingen sein, die mit dem Ritual nichts zu tun haben. Eine Ecke vom Wohnzimmertisch, auf dem sich alle möglichen Dinge türmen, aufzuräumen reicht nicht aus. Der Platz für das Ritual sollte frei von Fremdenergien sein.

Ich verwende für meine Rituale einen kleinen runden Tisch mit etwa 80 cm Durchmesser. Den kann man schnell komplett freiräumen und putzen.

Falls Du Dein Ritual in der freien Natur durchführst, achte darauf, dass auch er sauber ist. Falls dort Müll herumliegt, bringe ihn zu einem Mülleimer oder packe ihn ein, um ihn zuhause zu entsorgen. Die Geister und die Natur werden es Dir danken.

Bereite den Platz gut vor

Wenn Du entschlossen bist, ein Ritual durchzuführen, solltest Du den Platz gut vorbereiten. Richte einen kleinen Altar ein und schmücke ihn.

Ich verwende einen Altar, auf dem in jedem Fall die vier Elemente entsprechend ihrer Himmelsrichtungen angeordnet sind:

- im Norden die Erde, die durch ein Schälchen mit Salz oder Erde symbolisiert werden kann,

- im Osten die Luft, die durch Räucherwerk (die wohlriechende Luft) symbolisiert wird,

- im Süden das Feuer, die durch eine Kerze (das heilige Feuer) symbolisiert und

- im Westen das Wasser, das durch ein Schälchen mit Wasser symbolisiert wird.

Alternativ kann man die Elemente auch mit Kerzen darstellen. Dazu wählt man jeweils eine Kerze in der Farbe, die dem Element zugeordnet ist. Das heißt:

- im Norden eine grüne Kerze,

- im Osten eine gelbe Kerze,

- im Süden eine rote Kerze und

- im Westen eine blaue Kerze.

Dann platziere ich Dinge auf dem Alter, von denen ich meine, dass sie zu dem Ritual dazugehören. Manchmal plane ich es vorher, manchmal finden Dinge ganz spontan ihren Platz. Es können Steine, farbige Tücher, Herbstlaub, blühende Zweige, Blumen und alles mögliche sein. Tote Tiere oder Teile davon haben auf einem Altar nichts zu suchen.

Wenn ich mit zusätzlichen Räucherungen, zusätzlichen Kerzen, die erst im Verlaufe des Rituals angezündet werden, Karten oder anderen Dingen beim Ritual arbeiten möchte, die nicht zum Schmuck des Altars gehören, lege ich sie in Reichweite neben den Altar.

Wenn Du in der Natur arbeitest, solle der Platz für Dein Ritual sichtbar werden, z.B. durch eine Decke, ein Tuch oder eine Kerze. Achte aber darauf die Natur zu schonen. Gerade mit Kerzen sollte man wegen der Brandgefahr vorsichtig umgehen.

Benutze Ritualgegenstände

Du solltest Gegenstände haben, die nur für Rituale verwendet werden und auch bei jedem oder fast allen Ritualen verwendet werden. Kleidung, die nur zur Durchführung eines Rituals getragen wird, kann auch dazugehören.

Wichtig ist die Ritualkerze. Ich verwende grundsätzlich eine weiße Kerze, weil es die Farbe der Reinheit, der Klärung und eine heilige Farbe ist. Andere Kerzenfarben können durch ihre Farbe das Ritual verändern oder im falschen Sinne beeinflussen.

Wenn ich mit einer weiteren Kerzenfarbe arbeiten möchte, stelle ich entweder die weiße Ritualkerze oder die farbige Kerze in die Mitte des Altars. Die jeweils andere Kerze kommt dann nach Süden, um das heilige Feuer zu symbolisieren.

Meine Ritualkerze ist eine Stumpenkerze mit langer Brenndauer, damit sie die Energie vieler Rituale aufnehmen und in nachfolgende Rituale abgeben kann. Wichtig ist es, bei der Ritualkerze auf eine gute Qualität zu achten. Eine Kerze, die rußt, flackert oder nach einiger Zeit in ihrem eigenen Wachs ertrinkt, ist nicht geeignet.

Zusätzlich zur Ritualkerze habe ich eine Wasserschale, ein kleines Schälchen für das Salz, das nach dem Ritual in den Schälchen verbleibt und immer wiederverwendet wird, sowie eine Räucherschale als Gegenstände, die für nichts anderes als Rituale verwendet werden.

Besondere Kleidung für ein Ritual habe nicht (mehr), aber ich habe einige wenige Schmuckstücke, die ich gern zu Ritualen trage. Dies sind bevorzugt Halsketten mit Anhängern aus Steinen, am liebsten meine Kette mit einem blauen Mondstein, um den Mond bei meinem Ritual dabei zu haben. Aber Vorsicht: Mondstein darf von einer Frau niemals während der Zeit ihrer Blutungen getragen werden. Das zerstört ihn und nimmt seine Kraft. Danach ist er nur noch ein Schmuckstück ohne Wirkung, kein Heilstein mehr.

Finde für Dich heraus, was Deine persönlichen Ritualgegenstände sind!

Schreibe ein persönliches Grimoire

Ein Grimoire ist ein Zauberbuch. In der Regel enthalten diese Bücher Anweisungen für Rituale und Zaubersprüche. Viele Hexen, Zauberer und Druiden haben sie für die Allgemeinheit geschrieben und häufig auch verkauft.

Ich habe mein persönliches Grimoire, das außer mir niemand lesen darf. Darin habe ich Zaubersprüche und Anleitungen für Rituale, notiert, die ich von anderen gelernt habe oder die mir in meinen Träumen oder Meditationen zugeflogen sind.

Wenn ich Rituale durchführe, mache ich mir in meinem Grimoire Notizen zu den Ritualen, z.B. wie ich den Altar aufgebaut habe, welche Karten ich bei dem Ritual gezogen habe und wie ich das Ritual aufgebaut habe.

Diese Notizen dienen mir hauptsächlich zu den beiden folgenden Zwecken:

1. Ich kann nachvollziehen, ob das, was bei dem Ritual gewünscht wurde, eingetreten ist.

2. Wenn ein Ritual erfolgreich war oder ich mich dabei einfach gut gefühlt habe – oder aber das genaue Gegenteil eingetreten ist – kann ich nachlesen, was ich gemacht habe, es bei gutem Ausgang wiederholen und bei Misserfolg lassen oder abwandeln.

Dein Grimoire soll Dich Dein Leben lang begleiten. Du musst Dich gut damit fühlen. Wähle es daher sorgfältig aus.

Such Dir am besten ein gebundenes Büchlein mit einem festen Einband und hochwertigem Papier. Ob blanko, liniert oder kariert hängt von Deinen Vorlieben ab.

Wenn Du in das Buch schreibst, verwende ein hochwertiges Schreibgerät. Möglichst keinen Bleistift oder wasserlösliche Tinte, denn die verwischen mit den Jahren leicht. Ein Kugelschreiber, der schmiert, macht auch keine Freude, weder beim Schreiben noch beim späteren Lesen. Das Schreiben sollte leicht fallen, das Gerät leicht über das Papier gleiten.

Nimm das Büchlein regelmäßig zur Hand, such Dir ein ruhiges Plätzchen und blättere es durch. Versetze Dich dabei nochmal in das Ritual zurück. War es gut? War es schlecht? Ist das Gewünschte eingetreten? Würdest Du es so wiederholen? Diese Fragen helfen Dir, Deine eigenen Rituale zu entwickeln.

Habe einen klaren Beginn und ein klares Ende

Ein Ritual muss einen Anfang und ein Ende haben. Anderenfalls verursacht man ein Energiechaos, das mit Sicherheit nicht das vom Ritual Erwünschte bringt.

Wenn Du Deinen Platz für das Ritual vorbereitet hast, prüfe ob Du auch bereit bist. Du solltest keinen Hunger oder Durst haben, Deine Blase sollte sich während des Rituals nicht melden. Geh also vorher zur Sicherheit noch mal auf die Toilette. Essen solltest Du während des Rituals nicht, stelle dir aber gern gegen möglichen Durst Tee oder Wasser bereit.

Wenn Du das Gefühl hast, bereit zu sein, beginne. Zünde zunächst die Kerze im Süden und die Ritualkerze, falls sie an anderer Stelle steht sowie das Räucherwerk an. Du kannst einen Schutzkreis ziehen, indem Du von Norden aus beginnend den Altar dreimal im Uhrzeigersinn umkreist. Stelle Dir dabei vor, wie der Kreis – sichtbar als eine Wand aus weißen oder hellblauen Licht – entsteht. Rufe an den jeweiligen Himmelsrichtungen – Norden, Osten, Süden und Westen – die Wächter der Elemente an, damit sie den Schutzkreis stabilisieren.

Stelle Dich dann möglichst barfuß vor Deinen Altar, damit Du geerdet bist. Rufe die Wesen und Kräfte an, die Dich bei Deinem Ritual unterstützen sollen, und bitte sie um Schutz und Führung. Dies können Engel, Erzengel, Dein Schutzengel, Elfen, Feen und Naturgeister, Ahnen sowie Dein Schutzgeist sein. Wenn Du Deinen Schutzgeist kennst, solltest Du ihn bei jedem Ritual einladen, Dich zu schützen und zu führen. – Wie Du Deinen Schutzgeist findest, beschreibe ich demnächst in einem anderen Büchlein. – Dann beginne!

Am Ende des Rituals danke den Wesen und Kräften, die Du zur Unterstützung bei dem Ritual angerufen hast.

Dann hebe den Schutzkreis auf, indem Du den Schutzkreis dreimal gegen den Uhrzeigersinn durchläufst und dabei den Wächtern der Elemente für ihren Schutz und Ihre Unterstützung dankst. Sende die Energie des Schutzkreises wieder an ihren Ursprungsort zurück. Wichtig ist, dass sich das Zurücksenden der Energie nur auf die Energie des Schutzkreises bezieht. Die anderen während des Rituals herbeigerufenen Energien willst Du ja hierbehalten, um den Zweck des Rituals zu erfüllen.

An Schluss lösche die Ritualkerze. Das Wasser gieße in die Erde. Den Rest bzw. die Asche des Räucherwerkes vergrabe entweder im Garten oder streue sie in ein fließendes Gewässer. Falls Du einmal keine Zeit dafür findest, kannst Du auch ausnahmsweise die Asche von mehreren Ritualen sammeln, bevor Du sie an die Natur zurückgibst, es sei denn, im Ritual ist explizit das Wegbringen der Asche als Schritt vorgesehen. Dann darfst Du nicht warten, sondern musst es unmittelbar im Anschluss an das Ritual tun.

Ich bin ein Wassermensch, daher ziehe ich die Übergabe der Asche ans Wasser vor.

Verwende Kerzen richtig

Kerzen sind häufig Bestandteil eines Rituals. Viele Rituale gehen aus dem ganz einfachen Grund schief, dass die Kerzen falsch angewendet werden.

Deine Ritualkerze darf nur für Rituale verwendet werden, sonst verliert sie ihre Kraft und ist untauglich für weitere Rituale. Wenn ein Gast sie aus Versehen einmal anzündet, bedanke Dich bei der Kerze dafür, dass sie Dir bei so vielen Ritualen geholfen hat und entweihe sie. Dann kannst Du sie als „normale" Kerze weiterverwenden. Wirf sie aber keinesfalls weg.

Die Ritualkerze darf während des Rituals nicht ausgehen. Das setzt voraus, dass sie von guter Qualität ist und nicht in Zugluft steht. Wenn Du ein Ritual im Freien durchführst und dabei eine Kerze verwendest, solltest Du sie in einer Laterne verwenden, damit sie nicht versehentlich vom Wind ausgeblasen wird.

Wenn abzusehen ist, dass die Brenndauer der Ritualkerze für die Dauer des geplanten Rituals nicht mehr ausreicht, verwende eine neue Ritualkerze und weihe sie vor dem ersten Gebrauch. Die alte Ritualkerze sollte einen Platz auf dem Altar erhalten und angezündet werden, damit sie während des

Rituals ihr Leben beschließen kann, indem sie vollständig ausbrennt.

Abhängig vom Zweck des Rituals verwende eine Kerze in der passenden Farbe.

- Rot: Feuer, Sexualität, Leidenschaft, die Muttergöttin

- Gelb: Luft, Lebensfreude, Kreativität, Aktivität

- Grün: Erde, Fülle, Geld, Fruchtbarkeit, Wohlstand

- Blau: Wasser, Loslassen, Trennen (deshalb: Verschenke niemals blaue Kerzen an Freunde, die Du behalten willst, sondern nur an Menschen, die Du loswerden möchtest.)

- Violett: Spiritualität, Klarheit finden, falsche Freunde und Menschen, die einem nicht gut tun, erkennen

- Weiß: Schutz, Reinheit, Klarheit finden, Spiritualität, die jungfräuliche Göttin. Kann aber auch als neutrale Farbe für jedes Ritual verwendet werden, wenn keine farbige Kerze dafür vorhanden ist.

- Rosa: Liebe, Familie

- Schwarz: Wandel, Erneuerung, Negatives verbannen, die alte Göttin

Silber und Gold als Kerzenfarben verwende ich nur sehr selten und nur dann, wenn sie ausdrücklich für ein Ritual gefordert werden.

Die Kerzen, mit denen man etwas bewirken möchte, müssen vollständig ausbrennen, damit der Zauber wirkt. Sie dürfen nicht ausgeblasen oder auf eine andere Weise gelöscht werden. Von dem Moment an, in dem sie angezündet werden, bis zum selbstständigen Erlöschen müssen sie durchgängig brennen.

Das schließt Stumpenkerzen, Votivkerzen und normale Tafelkerzen wegen ihrer langen Brenndauer in der Regel aus, denn wegen der Feuergefahr müssen die Kerzen während der gesamten Brenndauer beaufsichtigt werden. Ich selbst verwende Weihnachtsbaumkerzen, die es inzwischen in vielen Farben gibt und die ca. 1,5 bis 2 Stunden lang brennen. Auch die kleinen Kerzen, die auf Geburtstagstorten gesteckt werden, sind als Gaben für ein Ritual gut geeignet. Bei Teelichtern, die es auch in vielen Farben gibt, heißt es aufpassen: Normale Teelichter brennen etwa 4 Stunden, es gibt inzwischen aber auch Teelichter, die deutlich länger brennen und damit eher nicht geeignet sind.

Ich besorge mir in der Vorweihnachtszeit regelmäßig Weihnachtsbaumkerzen in allen möglichen Farben, bevorzugt in Weiß.

Mache regelmäßig Rituale

Warum soll ich regelmäßig Rituale machen, fragst Du Dich? Ein Ritual macht man doch nur, wenn man einen bestimmten Grund dafür hat. Das stimmt zwar, aber der Grund sollte nicht nur der sein, dass man das Universum aus irgendeinem Grund um Unterstützung für etwas bittet.

Rituale macht man auch an bestimmten Festen, um zu danken und um das Universum zu ehren.

Wenn Du etwas brauchst, mache an einem beliebigen Tag ein passendes Ritual. Denke aber daran: Wenn Du etwas vermehren möchtest, mache das Ritual bei zunehmenden Mond, wenn Du etwas loswerden möchtest, tue es bei abnehmenden Mond. Neumond ist für meinen Geschmack kein guter Tag für ein Ritual. Dieser Tag wird häufig von den Anhängern schwarzer Magie benutzt. Ich möchte nicht, dass diese negativen Energien sich den Energien meines Rituals mischen und mein Ritual negativ beeinflussen. Eine Ausnahme mache ich bei den keltischen Festen, die auf Neumond fallen.

Wenn möglich, mache ich immer ein Ritual zu Vollmond, um den Mond zu ehren.

Zur Sommer- und Wintersonnenwende und zur Tagundnachtgleiche im Frühjahr und Herbst sowie zu den keltischen Festen Samhain, Imbolc, Bethane und Lughnasad führe ich auch regelmäßig Rituale durch.

Was sind die Themen, wenn keine besondere Bitte durch mein Ritual unterstützen möchte? Ich danke für das, was ich in der Vergangenheit erhalten habe und ich frage, welche Themen ich für den Zeitabschnitt bis zum nächsten Ritual habe. Das kann zum Beispiel durch Ziehen einer Wahrsagekarte oder der Karte eines Krafttieres geschehen. Außerdem habe wunderbare Karten mit dem Rat der Feen. Die nutze ich gern, um nach dem Rat der Feen für die nächsten Tage oder Monate zu fragen.

Danke und gebe

Rituale erfolgreich durchführen bedeutet auch, dass Du außerhalb der Rituale dankbar bist und von Deinem Reichtum abgibst.

Nimm Dir einmal am Tag Zeit, überlege, was positiv ist und danke dafür. Wichtig ist, dass Du eine positive Einstellung verbreitest. Denk nicht darüber nach, was gerade schiefläuft und Dir fehlt, sondern freue Dich an dem, was Du bereits hast, und danke dafür.

Gib von Deinem Reichtum ab. Dies können Spenden an wohltätige Organisationen, einige Münzen für den Obdachlosen in der Stadt oder auch einfach das Zuhören, wenn Menschen jemanden brauchen, sowie die Fütterung notleidender Tiere sein.

Gehe mit positiven Gefühlen in das Ritual

Du solltest niemals mit negativen Gefühlen, wie Wut, Angst und Trauer in ein Ritual gehen. Diese Energien nimmst Du mit ins Ritual und die Ursachen der Energien werden durch das Ritual gestärkt. Das willst Du bestimmt nicht.

Gehe gelassen und möglichst heiter in das Ritual. Dies ruft und verstärkt positive Energien.

Sei achtsam bei den Zielen des Rituals. Wünsche nichts Schlechtes. Alles, was Du im Laufe eines Rituals aussendest, kommt dreifach zu Dir zurück.

Ich kann mir gut vorstellen, dass es Menschen gibt, denen Du die Pest an den Hals wünschen möchtest, weil sie Dich quälen. Wenn Du solche Menschen loswerden möchtest, wünsche Ihnen alles Gute für die Zukunft und bitte darum, dass sie dies möglichst an einem anderem Ort finden, als dem, an dem sie sich jetzt befinden. Damit gehen sie auf eine positive Weise aus Deinem Leben.

Überhaupt: Finger weg von Ritualen, mit denen Du versuchst, andere Menschen zu manipulieren. Du solltest möglichst nur Dinge wünschen, die auch im Einklang mit dem Glück und den Wünschen anderer Menschen stehen. Ich weiß, es kann sehr schwer sein, wenn man unglücklich verliebt ist und den Traumpartner unbedingt an sich binden möchte oder ihn sogar vom aktuellen Partner trennen möchte. Trotzdem: Manipuliere Menschen nicht und wünsche Ihnen immer nur Gutes!

Erfolgreiche Rituale...

... wünsche ich Dir nun. Das Basiswissen dafür hast Du jetzt ja.

Deine Sophie Martensen

Sophie Martensen

Spökenkieker nennt man in Norddeutschland Menschen, die besondere Fähigkeiten haben, wie das zweite Gesicht, Kartenlegen oder auch das Erkennen von Krankheiten und Heilen durch Handauflegen.

Sophie Martensen gehört zu diesen Menschen.

Da sie keine eigenen Kinder hat, um dieses Wissen direkt weiterzugeben, hat sie sich entschlossen, ihr Wissen aufzuschreiben und in Büchern allen Interessierten weiterzugeben.

E-Mail: info@sophie-martensen.de